Zwergenstübchen

Himmlische Backstube

Kaufmann Verlag

Advent, Advent, ein Lichtlein brennt.
Erst eins, dann zwei, dann drei, dann vier,
dann steht das Christkind vor der Tür.

Die Zwergenschar möchte die Advents- und Weihnachtszeit gerne mit Ihnen verbringen. Die besten Ideen hierzu finden Sie in diesem Buch. Es macht viel Freude, in den Wochen vor Weihnachten feine Plätzchen und Kuchen zu backen und natürlich hübsche Bastelarbeiten herzustellen. Wie gemütlich ist es, wenn man mit der Familie am Abend beim Kerzenschein zusammensitzt, Weihnachtslieder singt und die Köstlichkeiten aus der Weihnachts-Backstube genießt.

Eine wunderschöne Advents- und Weihnachtszeit
wünschen
Elke und Timo Schuster

FEINE ZWERGENPLÄTZCHEN

Zutaten:

Teig:
250 g Mehl
$^{1}/_{4}$ Teelöffel Backpulver
125 g Zucker
1 $^{1}/_{2}$ Teelöffel Zimt
2 Eigelb
2 Esslöffel Crème fraîche
150 g Butter

Belag:
1 Eigelb
1 Esslöffel Milch
Mandelblättchen

rundes Ausstecherförmchen

Zubereitung:
Aus den Teigzutaten einen Mürbteig zubereiten. Nach dem Kaltstellen den Teig auf einer bemehlten Arbeitsfläche ca. $^{1}/_{2}$ cm dick auswellen.

Mit dem Förmchen Plätzchen ausstechen und auf ein mit Back-Trennpapier ausgelegtes Backblech setzen. Das Eigelb mit Milch verquirlen, auf die Plätzchen streichen und Mandelblättchen darüberstreuen. Im vorgeheizten Backofen bei 180 Grad ca. 15 Minuten backen.

Der Bratapfel

Kinder, kommt und ratet,
was im Ofen bratet!
Hört, wie's knallt und zischt.
Bald wird er aufgetischt,
der Zipfel, der Zapfel,
der Kipfel, der Kapfel,
der gelbrote Apfel.

Kinder, lauft schneller,
holt einen Teller,
holt eine Gabel!
Sperrt auf den Schnabel
für den Zipfel, den Zapfel,
den Kipfel, den Kapfel,
den goldbraunen Apfel.

Sie pusten und prusten,
sie gucken und schlucken,
sie schnalzen und schmecken,
sie lecken und schlecken,
den Zipfel, den Zapfel,
den Kipfel, den Kapfel,
den knusprigen Apfel.

IGEL-BRATAPFEL

Zutaten:

1 Winterapfel, z. B. Boskop
2 Teelöffel Mandelstifte
3 Rosinen
1 Teelöffel gemahlene Haselnüsse oder Kokosraspeln
1 Teelöffel Lieblings-Marmelade
etwas Butter

Zubereitung:

Das Kerngehäuse aus dem gewaschenen, abgetrockneten Apfel mit einem Apfelausstecher großzügig herausstechen.

Die Mandelstifte so in den Apfel stecken, dass er wie ein Igel aussieht. Als Gesicht erhält er Rosinen für Augen und Nase, die auf jeweils einen Mandelstift gesteckt werden. Den Igel in eine gefettete, feuerfeste Form geben.

Die Haselnüsse mit der Marmelade vermischen und damit den Apfel füllen. Obenauf ein Flöckchen Butter setzen. Den Igel-Bratapfel im vorgeheizten Backofen bei 180 Grad ca. 30 Minuten backen.

FEINER NUSSKUCHEN

Zutaten:

250 g Butter
200 g Zucker
5 Eier
250 g Mehl
1 Päckchen Backpulver
250 g gemahlene Haselnüsse
1/2 Tasse Milch

Zubereitung:

Aus den Teigzutaten einen Rührteig herstellen. Diesen in eine gefettete, mit Semmelbrösel ausgestreute Gugelhupfform füllen und im vorgeheizten Backofen bei 180 Grad ca. 1 Stunde backen. Nach dem Erkalten Puderzucker darüberstäuben.

Zubereitung eines Rührteiges

(Grundrezept)

Zutaten:

Entsprechend den Angaben beim jeweiligen Rezept.
Alle Zutaten sollten Zimmertemperatur haben.

Zubereitung:

Die Butter schaumig schlagen.
Abwechselnd Zucker, Eier dazugeben,
zu einer cremigen Masse rühren. Nach und nach das gesiebte, mit Backpulver vermischte Mehl zusammen mit der Milch einrühren. Den Teig in eine gefettete Backform füllen und dem jeweiligen Rezept entsprechend im vorgeheizten Backofen backen.

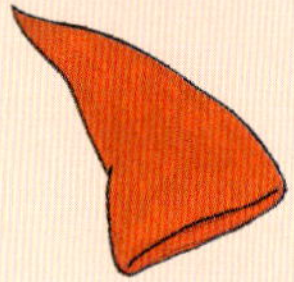

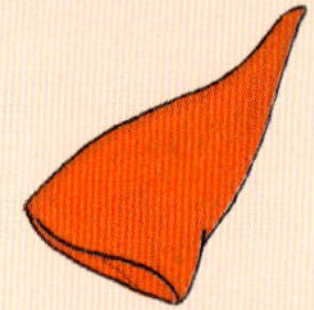

ZWERGENMÜTZCHENS-ADVENTSKUCHEN

Zutaten:

Teig:

100 g Butter
150 g Zucker
1 Päckchen Vanillezucker
3 Eier
200 g Mehl
1 Teelöffel Backpulver
2 Esslöffel Kakao
etwas Milch
1 Messerspitze
Lebkuchengewürz
1 Glas Sauerkirschen
(Saft aufheben für den
Tortenguss)

Belag:

500 g Quark
4 Esslöffel Zucker
1 Päckchen Vanillezucker
2 Becher süße Sahne
2 Päckchen Sahnesteif
1 Päckchen roter Tortenguss

Zubereitung:

Aus den Teigzutaten einen Rührteig zubereiten. Zum Schluss den Kakao in etwas Milch auflösen und mit dem Lebkuchengewürz unterrühren. Die abgetropften Sauerkirschen ebenfalls unter den Teig mischen. Diesen in eine gefettete Springform geben und im vorgeheizten Backofen bei 180 Grad ca. 35 Minuten backen. Für den Belag Quark, Zucker und Vanillezucker verrühren.

Die Sahne mit Sahnesteif schlagen, unter die Quarkmasse heben. Um den erkalteten Kuchen einen Tortenring legen, die Quark-Sahnemasse daraufstreichen. Den roten Tortenguss nach Packungsanweisung mit dem Kirschsaft kochen, nicht zu heiß über dem Kuchen verteilen. Den Zwergenmützchens-Adventskuchen zum Festwerden in den Kühlschrank stellen.

GEWÜRZKUGELN

Zutaten:
50 g Butter
125 g Zucker
3 Eier
1 Prise Salz
500 g Mehl
1 Päckchen Backpulver
1 Teelöffel Zimt
1 Messerspitze Muskat
$^{1}/_{4}$ l Milch

Fett zum Ausbacken

Zubereitung:

Aus den Teigzutaten einen Rührteig herstellen. Diesen eine halbe Stunde ruhen lassen. Danach sticht man mit einem Teelöffel Teigkugeln ab und backt sie in heißem Fett schwimmend goldbraun aus. Die Kugeln abtropfen lassen und mit Puderzucker bestäuben.

Bananen-Dessert

Zutaten:

4 Bananen, 1 Esslöffel Butter,
4 Teelöffel Zucker,
Mandelblättchen zum Bestreuen

Zubereitung:

Die Bananen waschen und der Länge nach halbieren.
Jede Hälfte mit zerlassener Butter bestreichen,
Zucker darüberstreuen und die Mandelblättchen darauf verteilen.
Die Bananen auf ein mit Back-Trennpapier ausgelegtes
Backblech setzen und im vorgeheizten Backofen
bei 200 Grad ca. 10 Minuten backen.
Die Bananen auf Dessertteller geben
und aus der Schale löffeln.

ADVENTSKALENDER

Material:
Bastelkarton oder Wellpappe,
24 leere Streichholzschachteln,
Ton-, Seidenpapier,
Bleistift, Schere, Klebstoff,
Transparent-, Blaupapier,
Karton

Herstellung:
Die Sternschablone von Seite 58 überträgt man mit Hilfe von Transparent- und Blaupapier auf einen Karton. Danach das Sternmuster ausschneiden und 24-mal auf den Bastelkarton oder die Wellpappe übertragen.

Die leeren Streichholzschachteln mit Tonpapierstreifen überziehen. Dabei ist zu beachten, dass die Schublädchen der Streichholzschachteln noch zu öffnen sind. Diese mit Seidenpapier auslegen und mit kleinen Überraschungen füllen. Die fertigen Schachteln auf die Rückseite der ausgeschnittenen Sterne kleben.

Die Kalendersterne können nun auf einen großen, mit Tannenzweigen dekorierten Teller gelegt werden. Hübsch sieht es auch aus, wenn man die Sterne an einer Tannenzweiggirlande oder Kordel aufhängt.

KOCHEN

ADVENTSTEE

Zutaten:

4 Teelöffel roter Früchtetee
1 Stange Zimt
500 ml Wasser
100 ml Orangensaft
200 ml Kirschsaft
etwas Honig zum Süßen
1 unbehandelte Orange

Zubereitung:

Den Früchtetee und die Zimtstange in eine vorgewärmte Kanne geben, mit dem kochenden Wasser übergießen und 5 Minuten ziehen lassen. Orangen- und Kirschsaft in einem Topf erhitzen, jedoch nicht kochen lassen. Den Früchtetee abseihen, zu dem heißen Saft geben und mit etwas Honig süßen. Das fertige Getränk in Teegläser füllen und mit je einer Orangenscheibe dekorieren.

NUSS-STERNE

Zutaten:

Teig:

150 g Mehl
1 Messerspitze Backpulver
150 g Zucker
1 Päckchen Vanillezucker
150 g gemahlene Haselnüsse
150 g Butter

3 Esslöffel rotes Gelee
200 g Haselnussglasur
Sternausstecherform

Zubereitung:

Aus den Teigzutaten einen Mürbteig zubereiten. Nach dem Kaltstellen den Teig auf einer bemehlten Arbeitsfläche nicht zu dick auswellen. Sterne ausstechen und auf ein mit Back-Trennpapier ausgelegtes Backblech setzen. Im vorgeheizten Backofen bei 200 Grad ca. 10 Minuten backen. Die Hälfte der erkalteten Sterne mit Gelee bestreichen. Auf jeden Geleestern einen unbestrichenen legen. Anschließend die Nuss-Sterne mit der im Wasserbad aufgelösten Haselnussglasur überziehen.

Zubereitung eines Mürbteiges

(Grundrezept)

Zutaten:

Entsprechend den Angaben beim jeweiligen Rezept.

Zubereitung:

Das Mehl auf eine Arbeitsfläche sieben.
In die Mitte eine Vertiefung drücken, Zucker und Ei hineingeben, mit etwas Mehl verrühren. Auf den Mehlrand die kalte, kleingeschnittene Butter legen, alles zu einem glatten Teig kneten. Diesen zugedeckt etwa 1 Stunde bis zur Weiterverarbeitung in den Kühlschrank stellen.

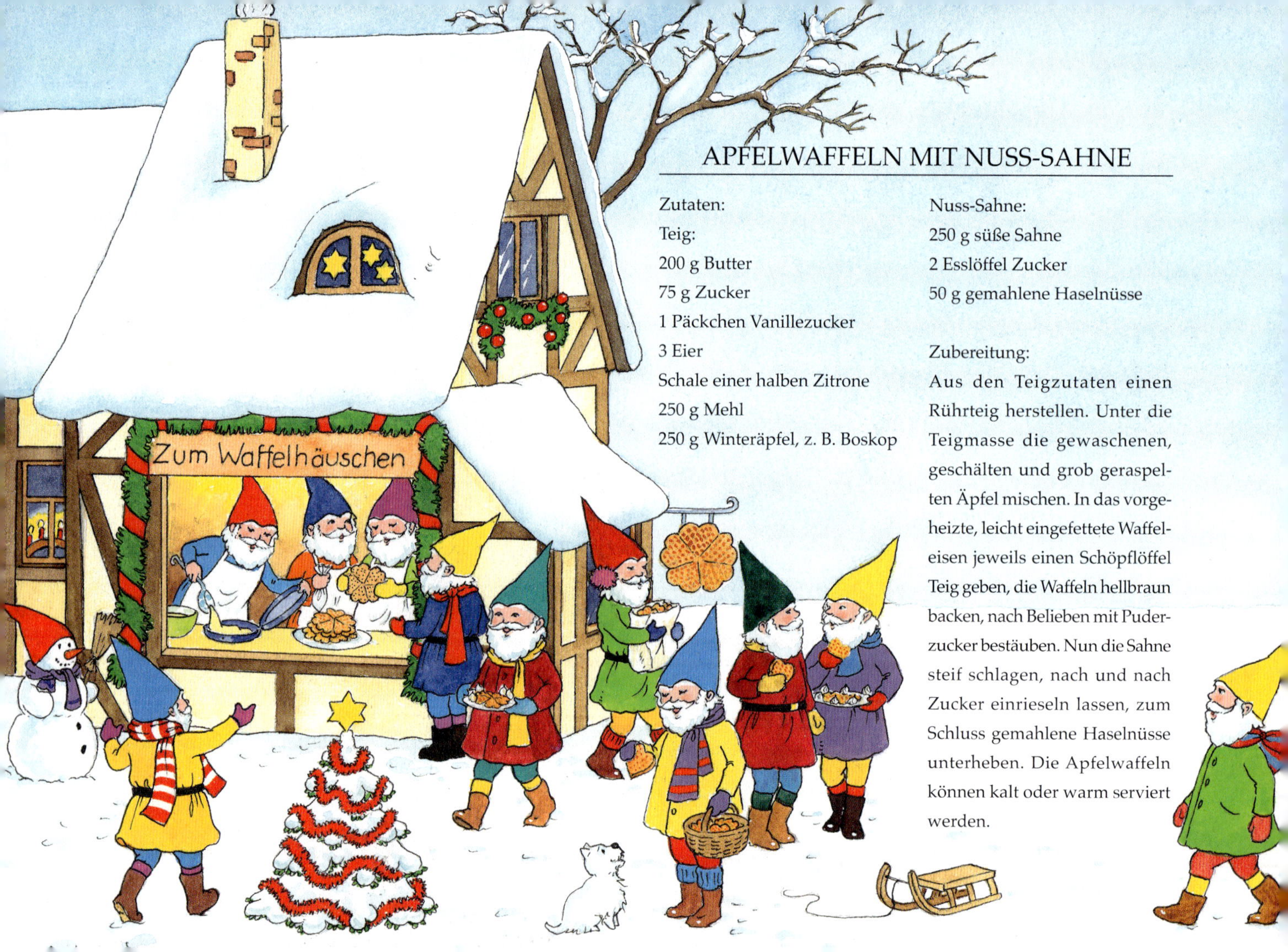

APFELWAFFELN MIT NUSS-SAHNE

Zutaten:

Teig:

200 g Butter

75 g Zucker

1 Päckchen Vanillezucker

3 Eier

Schale einer halben Zitrone

250 g Mehl

250 g Winteräpfel, z. B. Boskop

Nuss-Sahne:

250 g süße Sahne

2 Esslöffel Zucker

50 g gemahlene Haselnüsse

Zubereitung:

Aus den Teigzutaten einen Rührteig herstellen. Unter die Teigmasse die gewaschenen, geschälten und grob geraspelten Äpfel mischen. In das vorgeheizte, leicht eingefettete Waffeleisen jeweils einen Schöpflöffel Teig geben, die Waffeln hellbraun backen, nach Belieben mit Puderzucker bestäuben. Nun die Sahne steif schlagen, nach und nach Zucker einrieseln lassen, zum Schluss gemahlene Haselnüsse unterheben. Die Apfelwaffeln können kalt oder warm serviert werden.

Puder
zucker
Vanille
zucker
MEHL
Mehl

MANDELKUGELN

Zutaten:

Teig:
250 g Marzipanrohmasse
1 Eiweiß
10 g Mehl
75 g Puderzucker

ca. 75 g geschälte,
halbierte Mandeln

Glasur:
2 Esslöffel Zucker
2 Esslöffel Rosenwasser
(aus der Apotheke)

Zubereitung:

Marzipan, Eiweiß, Mehl und Puderzucker zu einem glatten Teig verkneten. Daraus kleine Kugeln formen. An diese jeweils drei halbe Mandeln hochkant andrücken. Nun auf ein mit Back-Trennpapier ausgelegtes Backblech setzen. Im vorgeheizten Backofen bei 150 Grad ca. 35 Minuten backen. Für die Glasur Zucker und Rosenwasser in einem Topf unter Rühren 1 Minute kochen lassen. Die Kugeln sofort nach dem Backen damit bestreichen.

SCHOKOLADENPLÄTZCHEN

Zutaten:

200 g Mehl
60 g Speisestärke
1 Teelöffel Backpulver
100 g Zucker
1 Päckchen Vanillezucker
1 Ei
abgeriebene Schale einer Orange
125 g Butter
100 g grob gehackte Schokolade

Zubereitung:

Aus den Teigzutaten einen Mürbteig zubereiten, zum Schluss die Schokolade unterkneten. Nach dem Kaltstellen den Teig zu Rollen von ca. 3 cm Ø formen, diese in $^{1}/_{2}$ cm dicke Scheiben schneiden. Die Schokoladenplätzchen auf ein mit Back-Trennpapier ausgelegtes Backblech setzen und im vorgeheizten Backofen bei 180 Grad ca. 15 Minuten backen.

LASST UNS FROH UND MUNTER SEIN

2.
Dann stell' ich den Teller auf,
Nik'laus legt gewiss was drauf.
Lustig, lustig, …

3.
Wenn ich schlaf', dann träume ich,
jetzt bringt Nik'laus was für mich.
Lustig, lustig, …

4.
Wenn ich aufgestanden bin,
lauf' ich schnell zum Teller hin.
Lustig, lustig, …

5.
Nik'laus ist ein guter Mann,
dem man nicht genug danken kann.
Lustig, lustig, …

NIKOLAUSBÄCKEREI

Zutaten:
125 g Honig
200 g Zucker
1 Päckchen Vanillezucker
150 g Butter
4 Esslöffel Milch
3 Tropfen Bittermandelöl
1 Teelöffel Zimt
400 g Mehl
100 g Speisestärke
1 Päckchen Backpulver
2 Esslöffel Kakao

Glasur:
150–250 g Puderzucker mit 3–5 Esslöffel Wasser zu einer spritzfähigen Glasur verrühren.

Dekoration:
z. B. abgezogene, halbe Mandeln, Walnusshälften, Haselnüsse, Sonnenblumenkerne, Pistazien, bunte Zuckerstreusel, Zuckerperlen, Schokolinsen mit bunter Glasur, Speisefarbe, Schokoherzen

verschiedene Sternausstecherformen

Zubereitung:
Honig, Zucker, Vanillezucker, Butter und Milch in einem Topf langsam erwärmen, danach in eine Rührschüssel geben und kaltstellen. Bittermandelöl, Zimt, Mehl, Speisestärke, Backpulver, Kakao vermischen und mit der erkalteten Masse zu einem glatten Teig verkneten. Diesen etwa 1 Stunde im Kühlschrank ruhen lassen. Anschließend auf einer bemehlten Arbeitsfläche ca. 1/2 cm dick auswellen. Mit den Sternausstecherformen verschieden große Lebkuchensterne ausstechen.

Genauso kann man mit Hilfe einer Papierschablone Nikolausstiefel mit dem Messer ausschneiden. Sterne und Stiefel auf das mit Back-Trennpapier ausgelegte Backblech legen und im vorgeheizten Backofen bei 200 Grad ca. 15 Minuten backen. Die Lebkuchen auf einem Kuchengitter erkalten lassen. Mit der Zuckerglasur und den verschiedenen Dekorationszutaten (diese mit der Glasur ankleben) hübsch verzieren.

APFELNIKOLAUS

Material:
Roter Apfel, Walnuss, Streichholz ohne Kopf (evtl. Handbohrer), rotes Tonpapier, Watte, Lineal, Zirkel, Bleistift, Schere, Klebstoff, Filzstifte, Tannenzweige

Herstellung:
Den Apfel glänzend reiben. In die Mitte des stumpfen Endes einer Walnuss ein Streichholz stecken (das Loch evtl. mit einem Handbohrer vorbohren) und mit dem Apfel verbinden. Auf das Tonpapier einen Halbkreis von 5,5 cm Radius zeichnen, ausschneiden, zu einem spitzen Hütchen formen, zusammenkleben und am Kopf mit Klebstoff befestigen. Das Gesicht aufmalen, einen Wattebart anbringen, danach den Hut mit Watte verzieren. Den Apfelnikolaus auf Tannenzweige stellen.

NIKOLAUSKUCHEN

Zutaten:
200 g Butter
250 g Zucker
1 Päckchen Vanillezucker
4 Eier
200 g Mehl
100 g Speisestärke
1 Päckchen Backpulver
1 Becher süße Sahne
1 Becher Crème fraîche
125 g gemahlene Mandeln
1 1/2 Teelöffel Zimt

Zubereitung:
Aus den Teigzutaten einen Rührteig herstellen.

Zum Schluss abwechselnd das mit Speisestärke und Backpulver vermischte Mehl sowie Sahne, Crème fraîche unter die Teigmasse rühren. Danach Mandeln und Zimt unterziehen. Den Teig in eine gefettete, mit Semmelbrösel ausgestreute Springform füllen. Im vorgeheizten Backofen bei 180 Grad ca. 1 Stunde backen. Nach Belieben über den erkalteten Nikolauskuchen Puderzucker stäuben oder mit der zuvor im Wasserbad geschmolzenen Kuvertüre überziehen. Darauf den bereits angefertigten Marzipan-Nikolauszwerg stellen. (Schablone für den Nikolauszwerg auf Seite 58.)

QUARKSTOLLEN

Zutaten:
500 g Mehl
1 Päckchen Backpulver
100 g gemahlene, geröstete Mandeln
250 g Quark
150 g Zucker
1 Prise Salz
1 Fläschchen Butter-Vanille-Aroma
3 Eier
200 g Butter

Stollenform

Zubereitung:
Aus den Teigzutaten einen Mürbteig zubereiten. Den Teig in eine gefettete Stollenform geben und im vorgeheizten Backofen bei 175 Grad ca. 60 Minuten backen. Danach den Quarkstollen auf ein Kuchengitter stürzen und noch warm mit zerlassener Butter bestreichen.

Aus dem Mürbteig kann man statt einem großen Stollen auch mehrere kleine formen. Diese auf ein mit Back-Trennpapier ausgelegtes Backblech geben und entsprechend der Stollengröße die Backzeit verkürzen. Über die erkalteten Stollen Puderzucker stäuben.

Weihnachtsmarkt

NUSS- ZIMTROLLE

Zutaten:

Teig:

300 g Mehl
15 g Hefe
1/8 l lauwarme Milch
100 g Butter
40 g Zucker
1 Teelöffel Vanillezucker
1 Prise Salz
1 Ei

Füllung:

1/8 l Milch
40 g Butter
100 g Zucker
300 g gemahlene Haselnüsse
1/2 Teelöffel Zimt
1 Ei

Zum Bestreichen:

1 zerschlagenes Eiweiß

Guss:

60 g Puderzucker
2–3 Teelöffel Zitronensaft

Zubereitung:

Mehl in eine Schüssel sieben. In die Mitte eine Mulde drücken, Hefe hineinbröckeln und etwas Zucker darüberstreuen. Hefe und Zucker mit etwas lauwarmer Milch glattrühren, Mehl darüberstäuben und mit einem Geschirrtuch abdecken. Diesen Vorteig ca. 15 Minuten gehen lassen. Danach lauwarme Milch, Butter, Zucker, Vanillezucker, Salz und das Ei dazugeben, alles zu einem glatten Teig verkneten. Diesen so lange abschlagen, bis er Blasen wirft, sich von der Schüssel löst und glänzt. Den Teig gehen lassen, bis die Füllung zubereitet ist. Für diese Milch in einen Topf geben und erhitzen. Butter, Zucker, Haselnüsse, Zimt unterrühren. Den Topf vom Herd nehmen, das Ei einrühren, abkühlen lassen. Den Teig auf einer bemehlten Arbeitsfläche kurz durchkneten. Diesen ca. 30 × 40 cm groß und 1/2 cm dick auswellen.

Die Nussfüllung daraufstreichen, dabei am Rand jeweils 1 cm freilassen. Die Ränder mit zerschlagenem Eiweiß bestreichen (damit die Teigrolle beim Backen zusammenhält und die Füllung nicht ausläuft). Die Teigplatte längs aufrollen, auf ein mit Back-Trennpapier ausgelegtes Backblech geben und nochmals 15 Minuten gehen lassen. Im vorgeheizten Backofen bei 190 Grad ca. 30 Minuten backen. In der Zwischenzeit aus Puderzucker und Zitronensaft den Guss rühren, nach dem Backen auf die noch warme Nuss-Zimtrolle streichen.

VANILLEHÖRNCHEN

Zutaten:
300 g Mehl
50 g gemahlene Mandeln
50 g gemahlene Haselnüsse
100 g Zucker
2 Eigelb
200 g Butter

5 Päckchen Vanillezucker
$^{1}/_{2}$ Tasse Puderzucker

Zubereitung:
Aus den Teigzutaten einen Mürbteig zubereiten. Nach dem Kaltstellen den Teig auf eine bemehlte Arbeitsfläche geben. Kleine Teigstücke abnehmen, diese zu fingerdicken Rollen formen, in ca. 5 cm lange Stücke schneiden und zu Hörnchen biegen. Die Vanillehörnchen auf ein mit Back-Trennpapier ausgelegtes Backblech setzen. Im vorgeheizten Backofen bei 190 Grad ca. 10 Minuten goldgelb backen. In der Zwischenzeit Vanille- und Puderzucker vermischen, die gebackenen, noch warmen Hörnchen vorsichtig in der Zuckermischung wenden.

NUSSPLÄTZCHEN

Zutaten:
200 g Mehl
100 g Speisestärke
1/2 Päckchen Backpulver
100 g gemahlene Haselnüsse
125 g geriebene Schokolade
200 g Zucker
2 Eier
125 g Butter

Dekoration:
für jedes Plätzchen eine ganze Haselnuss
ca. 100 g Kuvertüre

Ausstecherförmchen

Zubereitung:
Aus den Teigzutaten einen Mürbteig zubereiten. Nach dem Kaltstellen den Teig auf einer bemehlten Arbeitsfläche ca. 1/2 cm dick auswellen. Mit den Förmchen Plätzchen ausstechen und auf ein mit Back-Trennpapier ausgelegtes Backblech setzen. In die Mitte jedes Plätzchens eine ganze Haselnuss geben. Im vorgeheizten Backofen bei 180 Grad ca. 10 Minuten backen. Danach auf einem Kuchengitter auskühlen lassen und mit der im Wasserbad geschmolzenen Kuvertüre überziehen.

SAHNEPLÄTZCHEN

Zutaten:
250 g Mehl
180 g Butter
$^{1}/_{2}$ Becher saure Sahne

Ausstecherförmchen

Zubereitung:
Mehl, Butter, Sahne auf die Arbeitsfläche geben. Mit einem Messer feinhacken, zu einem glatten Teig verkneten und kaltstellen.

Danach den Teig auf einer bemehlten Arbeitsfläche ca. $^{1}/_{2}$ cm dick auswellen, mit den Förmchen Plätzchen ausstechen und auf ein mit Back-Trennpapier ausgelegtes Backblech setzen. Im vorgeheizten Backofen bei 170 Grad ca. 8 Minuten hellgelb backen. Die Sahneplätzchen auf einem Kuchengitter auskühlen lassen und dick mit Puderzucker bestäuben.

Sahnebonbons

Zutaten:

1/4 l süße Sahne, 250 g Zucker,
1 Päckchen Vanillezucker,
1 Esslöffel Honig

Zubereitung:

Alle Zutaten in einen Topf geben, unter ständigem Rühren so lange kochen, bis das Ganze karamellisiert ist. Die Masse auf ein gefettetes Backblech geben, glattstreichen und in kleine Vierecke schneiden. Die erkalteten Sahnebonbons auseinanderbrechen.

WALNUSSPLÄTZCHEN

Zutaten:

100 g Butter
100 g Zucker
1 Päckchen Vanillezucker
200 g Mehl
1 Teelöffel Backpulver
4 Esslöffel Milch
50 g kleingehackte Walnüsse
50 g kleingehackte Blockschokolade

200 g Kuvertüre

Zubereitung:

Aus den Teigzutaten einen Rührteig herstellen. Zum Schluss Walnüsse und Schokolade unter die Teigmasse ziehen. Anschließend den Teig in einen Spritzbeutel mit Lochtülle füllen und auf ein mit Back-Trennpapier ausgelegtes Backblech runde Plätzchen spritzen. Im vorgeheizten Backofen bei 180 Grad ca. 10 Minuten backen. Die erkalteten Walnussplätzchen je zur Hälfte in die geschmolzene Kuvertüre tauchen.

STERNE

Material:
Ton- und Geschenkpapier, Bleistift, Schere, Klebstoff, Transparent-, Blaupapier, Karton, Nähnadel, Goldfaden

Herstellung:
Die Sternschablone von Seite 59 wird mit Hilfe von Transparent- und Blaupapier auf einen Karton übertragen. Das Sternmuster ausschneiden und zwar so, dass nur der Sternrahmen bestehen bleibt. Diesen zweimal auf Tonpapier übertragen und ausschneiden.

Als Nächstes zeichnet man zweimal die äußeren Konturen der Sternschablone auf das Geschenkpapier und schneidet sie aus. Auf jeden Geschenkpapierstern wird ein Tonpapiersternrahmen aufgeklebt. Danach die Rückseiten beider Geschenkpapiersterne zusammenkleben. Mit einer Nähnadel den Goldfaden zum Aufhängen durch eine Sternspitze ziehen.

O Tannenbaum

2.
O Tannenbaum, o Tannenbaum,
du kannst mir sehr gefallen!
Wie oft hat nicht zur Weihnachtszeit
ein Baum von dir mich hocherfreut!
O Tannenbaum, o Tannenbaum,
du kannst mir sehr gefallen!

ZWERGENTALER

Zutaten:

Teig:

500 g Mehl

2 Teelöffel Backpulver

250 g gemahlene Mandeln

200 g Zucker

1 Päckchen Vanillezucker

2 Eier

350 g Butter

zum Bestreichen:

2 Eiweiß

helle Taler:

150 g gehackte Mandeln

dunkle Taler:

4 Esslöffel Zucker

2 Esslöffel Kakao

Zubereitung:

Aus den Teigzutaten einen Mürbteig zubereiten. Nach dem Kaltstellen den Teig auf einer bemehlten Arbeitsfläche zu Rollen von ca. 3 cm Ø formen. Das Eiweiß mit einer Gabel leicht schaumig schlagen und die Rollen damit bestreichen. Für die hellen Taler einige Teigrollen in den gehackten Mandeln wälzen.

Für die dunklen Taler Zucker und Kakao vermischen, darin die anderen Rollen wälzen. Anschließend von allen Rollen 1/2 cm dicke Scheiben abschneiden und auf ein mit Back-Trennpapier ausgelegtes Backblech setzen. Im vorgeheizten Backofen bei 175 Grad ca. 15 Minuten backen.

MEHL
Mandeln
KAKAO

EISBLUMEN

Zutaten:
250 g Mehl
50 g gemahlene Mandeln
100 g Zucker
1 Päckchen Vanillezucker
2 Eigelb
180 g Butter

Glasur:
200 g Puderzucker
2 Esslöffel Wasser
blaue Speisefarbe

Hagelzucker
Blumenausstecherform

Zubereitung:
Aus den Teigzutaten einen Mürbteig zubereiten.

Nach dem Kaltstellen den Teig auf einer bemehlten Arbeitsfläche ca. $^1/_2$ cm dick auswellen. Mit dem Förmchen Blumenplätzchen ausstechen. Die Blümchen auf ein mit Back-Trennpapier ausgelegtes Backblech setzen und im vorgeheizten Backofen bei 180 Grad ca. 12 Minuten backen. Aus Puderzucker und Wasser die Glasur herstellen. In diese so viel Speisefarbe einrühren, bis sie hellblau gefärbt ist. Die erkalteten Plätzchen damit verzieren und nach Belieben Hagelzucker darüberstreuen.

APRIKOSENPLÄTZCHEN

Zutaten:
200 g Butter
200 g Zucker
1 Päckchen Vanillezucker
1 Ei
1 Messerspitze Zimt
300 g Mehl

Füllung:
200 g Aprikosenmarmelade

ein rundgewelltes Ausstecherförmchen

Zubereitung:
Aus den Teigzutaten einen Rührteig zubereiten. Diesen ca. 2 Stunden in den Kühlschrank stellen. Anschließend den Teig auf einer bemehlten Arbeitsfläche ca. $^{1}/_{2}$ cm dick auswellen, Plätzchen ausstechen und auf ein mit Back-Trennpapier ausgelegtes Backblech setzen. Im vorgeheizten Backofen bei 180 Grad ca. 15 Minuten backen. Auf jeweils ein erkaltetes Plätzchen Aprikosenmarmelade streichen und mit einem anderen abdecken. Die fertigen Aprikosenplätzchen mit Puderzucker bestäuben.

ZWERGENSTÜBCHENS-LEBKUCHEN

Zutaten:
500 g Zucker
5 Eier
500 g Honig
500 g Mehl
1 Päckchen Backpulver
500 g gemahlene Haselnüsse
2 Päckchen Lebkuchengewürz

geschälte, ganze Mandeln

Zubereitung:
Zucker und Eier schaumig schlagen. Danach den Honig einrühren. Anschließend das mit Backpulver vermischte Mehl zusammen mit den Haselnüssen und dem Lebkuchengewürz unterrühren. Den Teig auf ein gefettetes Backblech geben, glattstreichen und mit den Mandeln verzieren. Im vorgeheizten Backofen bei 180 Grad ca. 45 Minuten hellbraun backen. Die Lebkuchen noch warm in viereckige Stücke schneiden.

WEIHNACHTSSTERN

Zutaten:

100 g Butter
150 g Zucker
1 Päckchen Vanillezucker
3 Eier
200 g Mehl
1/2 Päckchen Backpulver
4–5 Esslöffel Milch
3 Esslöffel Nuss-Nougat-Creme

Sternbackform

Zubereitung:

Aus den Teigzutaten einen Rührteig herstellen, die Nuss-Nougat-Creme zum Schluss unterrühren. Die Teigmasse in eine gefettete Sternform füllen und im vorgeheizten Backofen bei 180 Grad ca. 40 Minuten backen.

ZIMT-APFELKUCHEN

Zutaten:
250 g Butter
250 g Zucker
1 Päckchen Vanillezucker
3 Eier
250 g Mehl
1 Päckchen Backpulver
2 Esslöffel Kakao
1 Esslöffel Zimt
100 g grob gehackte Walnüsse
100 g gemahlene Mandeln
4–5 Winteräpfel, z. B. Boskop

Zubereitung:
Aus Butter, Zucker, Vanillezucker, Eier, Mehl, Backpulver, Kakao und Zimt einen Rührteig zubereiten. Anschließend Walnüsse und Mandeln einrühren. Zum Schluss die geschälten, in kleine Stücke geschnittenen Äpfel unterziehen.

Den Teig in eine gefettete, mit Semmelbrösel ausgestreute Springform füllen. Im vorgeheizten Backofen bei 180 Grad ca. 60 Minuten backen. Den erkalteten Zimt-Apfelkuchen mit Puderzucker bestäuben.

Material:
Bastelkarton oder Wellpappe
Holzstäbchen
Blei- und Filzstifte
Schere, Klebstoff
Transparent- und Blaupapier
Karton
Glitzersternchen, Glitzerstaub

Herstellung:
Alle Schablonenteile von Seite 59 mit Hilfe von Transparent- und Blaupapier auf einen Karton übertragen und ausschneiden. Diese Stern- und Zwergenvorlagen auf Bastelkarton oder Wellpappe aufzeichnen und ausschneiden.

Den Stern auf ein Holzstäbchen kleben, diesen nach Belieben mit kleinen Glitzersternchen oder Glitzerstaub verzieren. An den roten Körper des Zwerges Bart, Gesicht, Hände und Füße kleben. Zum Schluss das Gesicht mit Filzstiften aufmalen und den Zwerg auf ein Holzstäbchen kleben.

Die Sterne und Weihnachtszwerge eignen sich auch gut zum Aufhängen (u. a. an Tannenzweigen und als Geschenkanhänger). Dafür werden keine Holzstäbchen angeklebt, sondern an der oberen Sternspitze oder der Mütze ein Goldfaden durchgezogen.

WEIHNACHTSBLÜMCHEN

Zutaten:
900 g Butter
100 g Zucker
900 g Mehl

1 Messerspitze rote Speisefarbe
1–2 Esslöffel Kakao

Spritzbeutel mit Sterntülle

Zubereitung:
Butter und Zucker schaumig schlagen. Anschließend das Mehl dazugeben und mitrühren. Den Teig in drei gleich große Portionen teilen. Unter einen Teil rote Speisefarbe, unter den anderen Kakao mischen. Zuerst den hellen Teig in den Spritzbeutel füllen und auf ein mit Back-Trennpapier ausgelegtes Backblech kleine Teighäufchen spritzen. Als Nächstes wird der rote und danach der dunkle Teig jeweils dicht in Blumenform an die hellen Häufchen angespritzt. Die Weihnachtsblümchen im vorgeheizten Backofen bei 180 Grad ca. 15 Minuten backen.

ZIMTSTERNE

Zutaten:
3 Eiweiß
250 g Puderzucker
abgeriebene Schale und Saft einer halben unbehandelten Zitrone
350 g Mandeln
1 Teelöffel Zimt

Sternausstecherform

Zubereitung:
Das Eiweiß sehr steif schlagen. Nach und nach den gesiebten Puderzucker, abgeriebene Zitronenschale und -saft dazugeben, weiterrühren, bis die Masse ganz fest ist. Für den Guss eine Kaffeetasse mit Eischnee füllen und zur Seite stellen.

Die Mandeln mit dem Zimt vermischen und vorsichtig unter die restliche Eiweißmasse heben. Den Teig auf einer gezuckerten Arbeitsfläche ca. $^1/_2$ cm dick auswellen, mit dem Förmchen Sterne ausstechen und diese auf das mit Back-Trennpapier ausgelegte Backblech setzen.

Die Sterne mit der zurückbehaltenen Eischneemasse bestreichen und im vorgeheizten Backofen bei 150 Grad ca. 20 Minuten backen. Darauf achten, dass die Glasur der Zimtsterne weiß bleibt.

WEIHNACHTSKUCHEN

Zutaten:

Teig:

200 g Mehl
1 Teelöffel Backpulver
100 g Zucker
1 Päckchen Vanillezucker
1 Ei
100 g Butter

Belag:

2 Gläser Sauerkirschen
$^1/_4$ l Saft von den abgetropften Kirschen
1 Päckchen Sahnepudding
3 Esslöffel Zucker

Streusel:

70 g Butter
70 g Zucker
70 g Mehl
70 g gemahlene Mandeln
1 Teelöffel Zimt

Zubereitung:

Aus den Teigzutaten einen Mürbteig zubereiten und kaltstellen. In der Zwischenzeit aus Kirschsaft, Puddingpulver und Zucker einen Pudding nach Packungsanweisung kochen. Unter diesen die abgetropften Kirschen mischen. Butterstückchen, Zucker, Mehl, Mandeln, Zimt verkneten und zu Streuseln zerkrümeln. Den Mürbteig auf einer bemehlten Arbeitsfläche auswellen, in eine gefettete Springform legen, dabei den Teig am Rand hochziehen. Die Pudding-Kirschmasse auf den Kuchenboden geben und die Streusel darüber verteilen. Im vorgeheizten Backofen bei 175 Grad ca. 45 Minuten backen, in der Form erkalten lassen.

MARMELADESCHNITTEN

Zutaten:
420 g Mehl
140 g Zucker
1 Ei
1 Eigelb
100 ml süße Sahne
280 g Butter

Füllung:
1 Glas Lieblingsmarmelade

Guss:
3 Eigelb
100 g Puderzucker

1 Päckchen Mandelblättchen

Zubereitung:
Aus den Teigzutaten einen Mürbteig zubereiten. Nach dem Kaltstellen den Teig in drei gleich große Portionen teilen. Jede dünn auf Back-Trennpapier auswellen, auf ein Backblech legen und im vorgeheizten Backofen bei 170 Grad ca. 10 Minuten hellgelb backen. Nach dem Backen die einzelnen Teigplatten mit Marmelade bestreichen und aufeinandersetzen. Auf die oberste keine Marmelade streichen, sondern den zuvor aus Eigelb und Puderzucker schaumig gerührten Guss auftragen. Die Mandelblättchen darüberstreuen. Das Gebäck trocknen lassen und anschließend in Rechtecke schneiden.

FESTTAGSTORTE

Zutaten:

Teig:
6 Eigelb
6 Esslöffel lauwarmes Wasser
300 g Puderzucker
1 Päckchen Vanillezucker
300 g Mehl
1/2 Päckchen Backpulver
6 Eiweiß

Füllung:
3/4 l süße Sahne
1 Päckchen Vanillezucker
2 Päckchen Sahnesteif
100 g gemahlene Walnüsse
125 g Schokoladenpulver
1 1/2 Teelöffel Gelatine

Dekoration:
1/4 l süße Sahne
1 Päckchen Vanillezucker
1 Päckchen Sahnesteif
1 Päckchen Rohmarzipanmasse
etwas gelbe Speisefarbe
Walnusshälften

Spritzbeutel mit gezackter Tülle
Sternausstecherform

Zubereitung:
Eigelb, lauwarmes Wasser, Zucker und Vanillezucker zu einer dicken, schaumigen Masse rühren. Anschließend das gesiebte, mit Backpulver vermischte Mehl unterziehen. Das Eiweiß zu sehr steifem Schnee schlagen und vorsichtig unter die Masse heben. Den Teig in die mit Back-Trennpapier ausgelegte Springform geben und im vorgeheizten Backofen bei 180 Grad ca. 45 Minuten backen.

Nach dem Backen den Biskuit auf einem Kuchengitter auskühlen lassen, das Back-Trennpapier entfernen und den Biskuitboden zweimal durchschneiden. Für die Füllung die Sahne mit Vanillezucker und Sahnesteif gut schlagen. Walnüsse, Schokoladenpulver und die aufgelöste Gelatine unter die Sahne ziehen. Zwei Drittel der Walnusssahne auf den Biskuitböden verteilen und diese aufeinandersetzen.

Mit dem letzten Drittel die Torte rundherum bestreichen. Als Nächstes schlägt man die Sahne mit Vanillezucker und Sahnesteif, füllt diese in den Spritzbeutel und dekoriert die Torte mit Sahnerosetten. Bis die Marzipansterne zubereitet sind, die Torte in den Kühlschrank stellen.

In die Marzipanrohmasse gelbe Speisefarbe einkneten. Den eingefärbten Marzipan auf einer Arbeitsfläche auswellen, mit dem Förmchen so viele Sterne ausstechen, wie Sahnetupfen auf der Torte sind. Jeweils eine Walnusshälfte auf einen Stern drücken. Zum Schluss die Sahnerosetten mit den Marzipansternen verzieren. Die Tortenmitte kann mit Sahnetupfen oder kleinen Marzipansternchen dekoriert werden.

Seite 14
Adventskalenderstern

Seite 29 Marzipan-Nikolauszwerg

Seite 39 Stern

Seite 50 Basteln zur Weihnachtszeit
Weihnachtszwerg

Seite 50
Weihnachtsstern

INHALT Seite

Verantwortlich: Elke und Timo Schuster
Illustration: Eva Zeidler und Manfred Rohrbeck
Fotografie: Axel Waldecker

Bibliografische Information der Deutschen Bibliothek
Die Deutsche Bibliothek verzeichnet diese Publikation in der Deutschen Nationalbibliografie; detaillierte bibliografische Daten sind im Internet über http://dnb.ddb.de abrufbar.

2. Auflage 2024

Druck und Bindung: LEO Paper
ISBN 978-3-7806-2038-5
www.zwergenstuebchen-schuster.de